Multiplication Workbook

Grade 2

Speedy Publishing LLC
40 E. Main St. #1156
Newark, DE 19711
www.speedypublishing.com

EXERCISE NO. 1

Name: ______________________________

1. 2 x 2 =

2. 3 x 2 =

3. 5 x 1 =

4. 2 x 3 =

5. 3 x 3 =

6. 5 x 2 =

7. 1 x 1 =

8. 3 x 3 =

9. 2 x 4 =

10. 4 x 1 =

EXERCISE NO.

2

Name: ______________________________

1. 0 x 3 =

2. 4 x 0 =

3. 5 x 3 =

4. 2 x 4 =

5. 1 x 5 =

6. 3 x 4 =

7. 4 x 2 =

8. 5 x 4 =

9. 3 x 5 =

10. 2 x 5 =

EXERCISE NO. 3

Name: ____________________

1. $5 \times 2 =$
2. $3 \times 3 =$
3. $4 \times 4 =$
4. $5 \times 3 =$
5. $2 \times 5 =$
6. $3 \times 5 =$
7. $4 \times 5 =$
8. $5 \times 0 =$
9. $5 \times 3 =$
10. $3 \times 3 =$

EXERCISE NO.

4

Name: ____________________________________

1. 5 x 4 =

2. 2 x 4 =

3. 0 x 4 =

4. 3 x 2 =

5. 5 x 5 =

6. 2 x 5 =

7. 4 x 4 =

8. 1 x 4 =

9. 4 x 3 =

10. 5 x 4 =

EXERCISE NO. 5

Name: ______________________________

1. 5 x 6 =

2. 8 x 1 =

3. 1 x 0 =

4. 9 x 14 =

5. 8 x 3 =

6. 4 x 9 =

7. 5 x 8 =

8. 7 x 13 =

9. 8 x 14 =

10. 10 x 4 =

EXERCISE NO. 6

Name: ______________________

1. 5 x 3 =

2. 2 x 9 =

3. 7 x 2 =

4. 6 x 13 =

5. 10 x 6 =

6. 15 x 6 =

7. 14 x 9 =

8. 15 x 14 =

9. 8 x 6 =

10. 8 x 7 =

EXERCISE NO.
7

Name: ____________________

1. $7 \times 0 =$

2. $6 \times 6 =$

3. $8 \times 4 =$

4. $7 \times 6 =$

5. $8 \times 8 =$

6. $7 \times 5 =$

7. $12 \times 6 =$

8. $10 \times 7 =$

9. $8 \times 4 =$

10. $5 \times 6 =$

EXERCISE NO. 8

Name: ______________________________

1. 7 x 5 =

6. 12 x 11 =

2. 6 x 5 =

7. 10 x 6 =

3. 12 x 6 =

8. 8 x 6 =

4. 4 x 9 =

9. 6 x 0 =

5. 9 x 10 =

10. 9 x 4 =

EXERCISE NO.
9

Name: ______________________________

1. 8 x 8 =

2. 9 x 9 =

3. 10 x 8 =

4. 7 x 3 =

5. 8 x 4 =

6. 10 x 9 =

7. 10 x 8 =

8. 7 x 9 =

9. 7 x 7 =

10. 6 x 3 =

EXERCISE NO. 10

Name: ______________________________

1. 15 x 6 =

2. 6 x 10 =

3. 6 x 9 =

4. 7 x 6 =

5. 8 x 1 =

6. 8 x 2 =

7. 8 x 3 =

8. 8 x 4 =

9. 9 x 2 =

10. 9 x 3 =

EXERCISE NO. 11

Name: ____________________

1. 9 x 4 =

2. 9 x 5 =

3. 9 x 6 =

4. 9 x 7 =

5. 9 x 8 =

6. 9 x 9 =

7. 9 x 10 =

8. 9 x 11 =

9. 9 x 12 =

10. 11 x 2 =

EXERCISE NO. 12

Name: ______________________

1. 11 x 3 =

2. 11 x 4 =

3. 11 x 5 =

4. 11 x 6 =

5. 11 x 7 =

6. 11 x 8 =

7. 11 x 9 =

8. 11 x 10 =

9. 11 x 11 =

10. 11 x 12 =

EXERCISE NO. 13

Name: ______________________________

1. 11 x 13 =

2. 8 x 5 =

3. 8 x 6 =

4. 8 x 7 =

5. 8 x 8 =

6. 8 x 9 =

7. 8 x 10 =

8. 8 x 11 =

9. 8 x 12 =

10. 8 x 13 =

EXERCISE NO.

14

Name: ______________________________

1. $8 \times 14 =$

2. $8 \times 15 =$

3. $6 \times 2 =$

4. $6 \times 3 =$

5. $6 \times 4 =$

6. $6 \times 5 =$

7. $6 \times 6 =$

8. $6 \times 7 =$

9. $6 \times 8 =$

10. $6 \times 9 =$

EXERCISE NO. 15

Name: ______________________________

1. 6 x 10 =

2. 6 x 11 =

3. 6 x 12 =

4. 6 x 13 =

5. 6 x 14 =

6. 7 x 1 =

7. 7 x 2 =

8. 7 x 3 =

9. 7 x 4 =

10. 7 x 5 =

EXERCISE NO. 16

Name: ______________________________

1. 7 x 6 =

2. 7 x 7 =

3. 7 x 8 =

4. 7 x 9 =

5. 7 x 10 =

6. 7 x 11 =

7. 7 x 12 =

8. 7 x 13 =

9. 1 x 1 =

10. 1 x 2 =

EXERCISE NO.

17

Name: ______________________________

1. 1 x 3 =
2. 1 x 4 =
3. 1 x 5 =
4. 1 x 6 =
5. 1 x 7 =
6. 1 x 8 =
7. 1 x 9 =
8. 1 x 10 =
9. 1 x 11 =
10. 1 x 12 =

EXERCISE NO.

18

Name: ______________________________

1. $1 \times 13 =$
2. $1 \times 14 =$
3. $1 \times 15 =$
4. $2 \times 1 =$
5. $2 \times 2 =$
6. $2 \times 3 =$
7. $2 \times 4 =$
8. $2 \times 5 =$
9. $2 \times 6 =$
10. $2 \times 7 =$

EXERCISE NO. 19

Name: ______________________________

1. $2 \times 8 =$

2. $2 \times 9 =$

3. $2 \times 10 =$

4. $2 \times 11 =$

5. $2 \times 12 =$

6. $2 \times 13 =$

7. $2 \times 14 =$

8. $2 \times 15 =$

9. $3 \times 1 =$

10. $3 \times 2 =$

EXERCISE NO. 20

Name: ______________________________

1. $3 \times 3 =$

2. $3 \times 4 =$

3. $3 \times 5 =$

4. $3 \times 6 =$

5. $3 \times 7 =$

6. $3 \times 8 =$

7. $3 \times 9 =$

8. $3 \times 10 =$

9. $3 \times 11 =$

10. $3 \times 12 =$

EXERCISE NO.

21

Name: ______________________________

1. $3 \times 13 =$

2. $3 \times 14 =$

3. $3 \times 15 =$

4. $4 \times 1 =$

5. $4 \times 2 =$

6. $4 \times 3 =$

7. $4 \times 4 =$

8. $4 \times 5 =$

9. $4 \times 6 =$

10. $4 \times 7 =$

EXERCISE NO.

22

Name: ______________________________

1. 4 x 8 =

2. 4 x 9 =

3. 4 x 10 =

4. 4 x 11 =

5. 4 x 12 =

6. 4 x 13 =

7. 4 x 14 =

8. 4 x 15 =

9. 5 x 1 =

10. 5 x 2 =

EXERCISE NO.

23

Name: ______________________________

1. 5 x 3 =
2. 5 x 4 =
3. 5 x 5 =
4. 5 x 6 =
5. 5 x 7 =
6. 5 x 8 =
7. 5 x 9 =
8. 5 x 10 =
9. 5 x 11 =
10. 5 x 12 =

EXERCISE NO. **24**

Name: ______________________________

1. 5 x 13 =
2. 5 x 14 =
3. 5 x 15 =
4. 10 x 1 =
5. 10 x 2 =
6. 10 x 3 =
7. 10 x 4 =
8. 10 x 5 =
9. 10 x 6 =
10. 10 x 7 =

EXERCISE NO.

25

Name: ______________________________

1. 10 x 8 =

2. 10 x 9 =

3. 10 x 10 =

4. 10 x 11 =

5. 10 x 12 =

6. 10 x 13 =

7. 10 x 14 =

8. 10 x 15 =

9. 11 x 1 =

10. 11 x 2 =

EXERCISE NO.

26

Name: ______________________________

1. 11 x 3 =

2. 11 x 4 =

3. 11 x 5 =

4. 11 x 6 =

5. 11 x 7 =

6. 11 x 8 =

7. 11 x 9 =

8. 11 x 10 =

9. 11 x 11 =

10. 11 x 12 =

EXERCISE NO.

27

Name: ______________________________

1. $11 \times 13 =$
2. $11 \times 14 =$
3. $11 \times 15 =$
4. $12 \times 1 =$
5. $12 \times 2 =$
6. $12 \times 3 =$
7. $12 \times 4 =$
8. $12 \times 5 =$
9. $12 \times 6 =$
10. $12 \times 7 =$

EXERCISE NO.

28

Name: ______________________________

1. 12 x 8 =

2. 12 x 9 =

3. 12 x 10 =

4. 12 x 11 =

5. 12 x 12 =

6. 12 x 13 =

7. 12 x 14 =

8. 12 x 15 =

9. 13 x 1 =

10. 13 x 2 =

EXERCISE NO.

29

Name: ________________________________

1. 13 x 3 =

2. 13 x 4 =

3. 13 x 5 =

4. 13 x 6 =

5. 13 x 7 =

6. 13 x 8 =

7. 13 x 9 =

8. 13 x 10 =

9. 13 x 11 =

10. 13 x 12 =

www.ingramcontent.com/pod-product-compliance
Lightning Source LLC
LaVergne TN
LVHW080306170826
845677LV00024BB/1768

9798869454867